中等职业学校“十三五”系列规划教材

CAIWU BAOBIAO BIANZHI JI
FUXI ZHIDAOSHU

财务报表编制技能复习指导书

主　编　高　汉
副主编　孙明凯　杨　喆
　　　　孙雅君

合肥工業大學出版社

编写委员会

主　任　杜　牡

副主任　居　铭　王维峰

委　员　孙怀志　吴奎奎　林学会　安　雁

张　玲　王利中　孙化锋　葛绍建

张玉标　武兴军　颜张磊　郭海桥

沈超付　王朝阳　车国柱　田春会

吕　训　刘雪梅　李　艳　江杰明

米平安　朱铭静　葛　浩　宋　军

贾小利

前　言

在中等职业学校对口高考受到了越来越多的学生家长和社会各界人士的关注下，我们以安徽省对口高考财会类专业技能考试大纲为主要参考，由一线专业教师倾力打造的《财务报表编制技能复习指导书》成为财会考试的必备教材。本书系统地、全面地归纳了财务报表知识的基本理论，突出对财经类专业技能课知识点的梳理和讲解，注重考生对知识的理解、把握和灵活运用，提高学生分析问题、解决问题的能力，为中职生提供了一本能够体现考纲要求、切实提高学习成绩的复习用书，使教师教学、辅导有明确的方向与参照，使学生学习、复习有具体的指导。

本书是依据《教育部中等职业学校各类专业教学标准(试行)》和《教育部中等职业学校重点建设专业教学指导方案》，同时结合中职毕业生进入高等院校继续学习所应具备的专业基础技能要求编写的。

考纲要求：

一、测试要求

本技能测试纲要针对的对象为中职学校财经商贸类各专业毕业生，以培养应用型人才为目标。测试纲要突出应用性、典型性和实用性，与财经商贸类专业的实践相结合，考察学生对专业理论的运用。

二、测试方案

(一)测试用具：使用模拟或正式的科目汇总表、资产负债表、利润表。

(二)测试内容：科目汇总表的编制、资产负债表及利润表的编制。

(三)测试方法：笔试。完成科目汇总表、资产负债表及利润表的编制。

（四）测试要求：资料模拟制造企业一个月的经济业务，给出相关账户的期初余额及20～30笔记账凭证，执行现行税法，完成科目汇总表、资产负债表及利润表的编制。

（五）赋分参考：限时60分钟，满分100分。

1. 科目汇总表的编制40分；

2. 资产负债表的编制30分；

3. 利润表的编制30分；

本书内容紧扣最新修订的安徽省对口高考考试大纲，结构科学合理，内容精致全面，其特点如下：

一、梳理考点，浓缩要点

本书旨在全面梳理大纲所涵盖的知识点和考试要点，优化知识结构，由易到难地系统讲授，使应试者在循序渐进的学习过程中，夯实基础，掌握和熟悉知识点，对考试要点进行简洁、高效地总结，以节省复习时间，提高复习效率。

二、品质题库，掌握规律

考题有难易之分，能力有高下之别。为此，本书摒弃了低质量题海战术，研究出适合各阶层考生的配套习题，力求通过练习，使考生有效地掌握知识点和学习方法，让考生轻松备考。

三、实战演练，身临考场

知己知彼，百战不殆。本书帮助考生提前熟悉试题结构，合理安排答题时间，供考生进行实战演练，帮助考生查缺补漏，信心备考。

由于编写时间较为仓促，书中难免存在疏漏之处，望广大师生在使用过程中提出宝贵意见，将建议发送至邮箱(876962409@qq.com)，以便我们及时修订和完善，预祝广大考生金榜题名！

编　者

2018年7月于安徽亳州新能源学校

目　录

第一部分　理论知识

第二部分 专项练习

第一部分

理论知识

第一章　借贷记账法的试算平衡表

试算平衡是指根据资产与权益(或“资产=负债+所有者权益”)的恒等关系及借贷记账法的记账规则,检查所有账户记录是否正确的一种方法。试算平衡有发生额试算平衡法和余额试算平衡法两种。

一、发生额试算平衡法

发生额试算平衡法是根据本期所有账户借方发生额合计与贷方发生额合计的恒等关系,检验本期发生额记录是否正确的方法。其公式为:

全部账户本期借方发生额合计=全部账户本期贷方发生额合计

由于借贷记账法对每项经济业务的记录都是按照“有借必有贷,借贷必相等”的记账规则进行的,这样一个会计主体在一定时期内的全部账户的借方发生额合计与贷方发生额合计就一定相等。

【例1-1】　新能源公司2017年7月份发生以下经济业务(增值税略):

(1)7月5日新能源公司获得长青公司投资100000元,存入开户银行。

(2)7月10日新能源公司向供货单位购入原材料一批,共价值50000元,货款暂欠,材料已验收入库。

(3)7月20日新能源公司以银行存款支付所欠购原材料款

50000 元。

(4)按法定程序减少注册资本 100000 元,用银行存款向所有者支付。

(5)7 月 25 日新能源公司支付银行存款 90000 元购入生产用设备一台。

(6)7 月 27 日以前购货所欠的应付账款 60000 元到期,但公司暂无款支付,向银行借入短期借款 60000 元用于归还前欠货款。

(7)以盈余公积 80000 元向所有者分配利润。

(8)经批准将企业原发行的 20000 元应付债券转为实收资本。

(9)经批准企业用盈余公积 70000 元转增资本。

在上述所举的例子中,企业每发生一笔经济业务,所涉及的账户只有一个借方账户和一个贷方账户。当一笔经济业务涉及一个账户的借方和几个账户的贷方时,就应该使该借方账户金额等于该贷方的几个账户的金额之和,使借贷两方的金额相等。反之,一笔经济业务涉及一个账户的贷方和几个账户的借方时,也应该使贷方账户的金额与借方的几个账户的金额之和相等。

根据新能源公司 7 月份发生 9 笔经济业务,可以编制如表 1-1 的发生额试算平衡表。

表 1-1 发生额试算平衡表

2017 年 7 月　　　　单位:元

会计科目	本期借方发生额	本期贷方发生额
银行存款	100000	240000
原材料	50000	
固定资产	90000	
应付账款	110000	50000
应付股利		80000

（续表）

会计科目	本期借方发生额	本期贷方发生额
短期借款		60000
应付债券	20000	
实收资本	100000	190000
盈余公积	150000	
合计	620000	620000

二、余额试算平衡法

余额试算平衡法是根据本期所有账户的借方余额合计等于贷方余额合计的恒等关系，检验本期账户记录是否正确的方法。根据余额时间的不同，又分为期初余额平衡和期末余额平衡两类，其公式为：

全部账户的借方期初余额合计＝全部账户的贷方期初余额合计

全部账户的借方期末余额合计＝全部账户的贷方期末余额合计

注意：

（1）全部账户

① 全部账户包括没有余额或没有发生额的账户；

② 全部账户不能仅仅是某一类账户，如资产类全部账户。

（2）借方合计＝贷方合计：因为试算平衡法是检查记账是否正确的，我们用的是借贷记账法，所以最后强调的是借方合计＝贷方合计。

（3）三个公式为期初余额、本期发生额和期末余额套入。

在编制试算平衡表时，应注意以下几点：

① 必须保证所有账户的余额均已记入试算平衡表。如有遗漏的话，就可能会造成期初或期末借方余额合计与贷方余额合计不相等的情况。

② 如果试算平衡表借贷不相等，就说明账户记录肯定有错误。

③ 如果试算平衡表经过试算都是平衡的，也不能说明账户记录就绝对正确，因为有些错误并不会影响借贷双方的平衡关系。例如：漏记某项经济业务，将使本期借贷双方的发生额同时减少，借贷仍然平衡；重记某项经济业务，将使本期借贷双方的发生额同时增加，借贷仍然平衡；某项经济业务记错有关账户，借贷仍然平衡；某项经济业务在账户记录中，颠倒了记账方向，借贷仍然平衡；等等。

注：试算平衡表只能检查部分数字性的错误，文字性的错误检查不出来。

因此，在编制试算平衡表之前，一定要认真核对有关账户记录，避免出现上述问题。

【例题 1 · 单选题】 下列错误中能通过试算平衡查找的有（　　）。

A. 某项经济业务重复记账

B. 某项经济业务未记账

C. 应借应贷账户中借贷方向颠倒

D. 应借应贷账户中借贷金额不相等

[答案]D

第二章 科目汇总表

一、基本内容

科目汇总表亦称“记账凭证汇总表”。定期对全部记账凭证进行汇总,按各个会计科目列示其借方发生额和贷方发生额的一种汇总凭证。依据借贷记账法的基本原理,科目汇总表中各个会计科目的借方发生额合计与贷方发生额合计应该相等,因此,科目汇总表具有试算平衡的作用。科目汇总表是科目汇总表核算形式下总分类账登记的依据。

科目汇总表的编制是科目汇总表核算程序的一项重要工作,它是根据一定时期内的全部记账凭证,按科目作为归类标志进行编制的。

其编制过程和方法如下:

(1)将汇总期内各项经济业务所涉及的会计科目填制在“会计科目”栏。为了便于登记总分类账,会计科目的排列顺序应与总分类账上的会计科目的顺序一致;

(2)根据汇总期内的全部记账凭证,按会计科目分别加总借方发生额和贷方发生额,并将其填列在相应会计科目行的“借方金额”和“贷方金额”栏;

(3)将汇总完毕的所有会计科目的借方发生额和贷方发生额汇总,进行发生额的试算平衡。

科目汇总表编制的时间,应根据经济业务量的多少而定,可选择 3 天、5 天、10 天、15 天或 1 个月。

二、科目汇总表账务处理程序

(一)科目汇总表编制步骤

科目汇总表账务处理程序又称记账凭证汇总表账务处理程序，它是根据记账凭证定期编制科目汇总表，再根据科目汇总表登记总分类账的一种账务处理程序。

科目汇总表是根据记账凭证汇总而成的。其特点是编制科目汇总表并据以登记总分类账。其记账凭证、账簿的设置与记账凭证账务处理程序基本相同。

科目汇总表账务处理程序的一般程序是：

(1)根据原始凭证和原始凭证汇总表，编制记账凭证(收款凭证、付款凭证、转账凭证)；

(2)根据收款凭证、付款凭证逐笔登记现金日记账和银行存款日记账；

(3)根据原始凭证、原始凭证汇总表和记账凭证，登记各种明细分类账；

(4)根据各种记账凭证汇总编制科目汇总表；

(5)根据科目汇总表登记总分类账；

(6)期末，现金日记账、银行存款日记账和明细分类账的余额同有关总分类账的余额相核对；

(7)期末，根据总分类账和明细分类账的记录，编制会计报表。

注意：

(1)对于3种账务处理程序来说，编汇总原始凭证都不是必需的，即可编可不编；

(2)编资产负债表和利润表只依据分类账(总分类账和明细分类账)的记录。

(二)优缺点及适用范围

优点：可以简化总分类账的登记工作，减轻了登记总分类账的工作量，并可做到试算平衡，简明易懂，方便易学。

缺点：科目汇总表不能反映账户对应关系，不便于查对账目。

适用范围：规模大、业务量多的单位。

(三)科目汇总表账务处理程序举例

【例 2－1】 甲公司 2017 年 2 月末的总分类账户和明细分类账户科目余额如表 2－1、表 2－2 所示。

表 2－1 总分类账户余额表

2017 年 3 月 1 日　　　　单位：元

账户名称	金额	账户名称	金额
库存现金	6000	累计折旧	50000
银行存款	50000	短期借款	50000
原材料	4000	长期借款	80000
生产成本	20000	实收资本	200000
库存商品	40000	盈余公积	40000
固定资产	300000		
合计	420000	合计	420000

表 2－1 明细分类账户余额表　　　　单位：元

账户名称	金额
原材料——A 材料	4000
生产成本——X 材料	20000
库存商品——X 产品	30000

甲公司 2017 年 3 月份发生的经济业务如下(假定除下列经济业务

外,该公司未发生其他经济业务事项):

(1)3 月 2 日,购入 A 材料 2000 公斤,单价 8 元,价款共计 16000 元,材料已验收入库,货款以银行存款支付(不考虑增值)。

银付 1# 借:原材料——A 材料 16000

贷:银行存款 16000

(2)3 月 8 日,李某出差预借差旅费 5000 元。

现付 1# 借:其他应收款——李某 5000

贷:库存现金 5000

(3)3 月 10 日,销售 X 产品 1000 件,单位售价是 50 元,共计价款 50000 元,货物已发出,价款收到存入银行(不考虑增值税)。

银收 1# 借:银行存款 50000

贷:主营业务收入 50000

(4)3 月 15 日,用现金支付销售 X 产品的运费 800 元。

借:销售费用 800

贷:库存现金 800

(5)3 月 20 日,为生产 X 产品领用甲(A)材料 500 千克,单价 8 元,共计 4000 元。

借:生产成本——X 产品 4000

贷:原材料——A 材料 4000

(6)3 月 25 日,李某出差报销差旅费 4500 元,归还多余款 500 元。

借:管理费用 4500

贷:其他应收款 4500

借:库存现金 500

贷:其他应收款 500

(7)3 月 31 日,以银行存款支付本月的保险费 1200 元。

借:管理费用 1200

贷:银行存款 1200

(8)3 月 31 日,以银行存款支付借款利息 1800 元。

借:财务费用 1800

贷:银行存款 1800

(9)3 月 31 日,计提本月应交城市维护建设税 1000 元,应交教育费附加 500 元。

转 3# 借:营业税金及附加 1500

贷:应交税费——应交城市维护建设税 1000

——应交教育费附加 500

(10)3 月 31 日,结转已售 X 产品成本,已知 X 产品单位成本 30 元,成本共计 30000 元。

借:主营业务成本 30000

贷:库存商品——X 产品 30000

(11)3 月 31 日,将本月份主营业务收入 50000 元转入"本年利润"贷方。

借:主营业务收入 50000

贷:本年利润 50000

(12)3 月 31 日,将本月份主营业务成本 30000 元转入"本年利润"借方。

借:本年利润 30000

贷:主营业务成本 30000

(13)3 月 31 日,将本月发生的营业税金及附加 1500 元,销售费用 800 元,财务费用 1800 元,管理费用 5700 元转入"本年利润"借方。

借:本年利润 9800

贷:营业税金及附加 1500

销售费用 800

管理费用 5700

财务费用 1800

(14)3 月 31 日，计算本月应交所得税 3060 元。

借：所得税费用　　3060

　　贷：应交税费——应交所得税　　3060

(15)3 月 31 日，将本月所得税 3060 元转入“本年利润”借方。

借：本年利润　　3060

　　贷：所得税费用　　3060

(16)3 月 31 日，结转本年利润 7140 元。

借：本年利润　　7140

　　贷：利润分配——未分配利润　　7140

编制科目汇总表(省略)

【例题 1 · 单选题】 直接根据记账凭证逐笔登记总分类账的账务处理程序是(　　)。

A. 记账凭证账务处理程序

B. 汇总记账凭证账务处理程序

C. 科目汇总表账务处理程序

D. 日记总账账务处理程序

[答案]A

【例题 2 · 多选题】 记账凭证账务处理程序、汇总记账凭证账务处理程序和科目汇总表账务处理程序应共同遵循的程序有(　　)。

A. 根据原始凭证、汇总原始凭证和记账凭证登记各种明细分类账

B. 期末，库存现金日记账、银行存款日记账和明细分类账的余额与有关总分类账的余额核对相符

C. 根据记账凭证逐笔登记总分类账

D. 根据总分类账和明细分类账的记录，编制会计报表

[答案]ABD

【例题 3 · 判断题】 记账凭证账务处理程序直接根据记账凭证登记总账，易于理解，登记总分类账的工作量较小，适用于经营规模较大的

企业。(　　)

[答案]×

【例题4·判断题】 为了减轻登记总分类账的工作量,便于了解账户之间的对应关系,规模较大、经济业务较多的企业应该采用汇总记账凭证账务处理程序。(　　)

[答案]√

第三章　银行余额调节表

一、银行余额调节表的内容

银行存款余额调节表，是在银行对账单余额与企业账面余额的基础上，各自加上对方已收、本单位未收账项数额，减去对方已付、本单位未付账项数额，以调整双方余额使其一致的一种调节方法。

编制银行存款余额调节表主要是因为银行存款日记账与开户银行转来的对账单不一致，产生的原因有两个方面：一是双方或一方记账有错误；二是存在未达账项。

所谓未达账项，是指企业与银行之间，由于凭证传递上的时间差，一方已登记入账，而另一方因尚未接到凭证因而未登记入账的款项。

具体地说，未达账项大致有下列四种情况：

(1)企业已收，银行未收，即企业已收款入账，银行尚未收款入账。

(2)企业已付，银行未付，即企业已付款入账，银行尚未付款入账。

(3)银行已收，企业未收，即银行已收款入账，企业尚未收款入账。

(4)银行已付，企业未付，即银行已付款入账，企业尚未付款入账。

其中(1)(4)两种情况下，会使企业账面的存款余额大于银行对账单的余额，而在(2)(3)两种情况下，又会使企业账面的存款余额小于银行对账单的余额。因此，在清查银行存款时，如出现未达账项，应通过编制“银行存款余额调节表”进行调整。调节表的编制方法一般是在企业与银行双方的账面余额的基础上，各自加上对方已收而本单位未收的款项，减去对方已付而本单位未付的款项。经过调节后,双方的余额应相互一致。

二、银行余额调节表编制的步骤

银行存款的清查按以下四个步骤进行。

(1)将本单位银行存款日记账与银行对账单,以结算凭证的种类、号码和金额为依据,逐日逐笔核对。凡双方都有记录的,用铅笔在金额旁打上记号"√"。

(2)找出未达账项(即银行存款日记账和银行对账单中没有打"√"的款项)。

(3)将日记账和对账单的月末余额及找出的未达账项填入"银行存款余额调节表",并计算出调整后的余额。

(4)将调整平衡的"银行存款余额调节表",经主管会计签章后,呈报开户银行。

凡有几个银行户头以及开设有外币存款户头的单位,应分别按存款户头开设"银行存款日记账"。每月月底,应分别将各户头的"银行存款日记账"与各户头的"银行对账单"核对,并分别编制各户头的"银行存款余额调节表"。银行存款余额调节表的编制,是以双方账面余额为基础,各自分别加上对方已收款入账而己方尚未入账的数额,减去对方已付款入账而己方尚未入账的数额。

其计算公式如下:

企业银行存款日记账余额+银行已收企业未收款-银行已付企业未付款=银行对账单存款余额+企业已收银行未收款-企业已付银行未付款

【例3-1】 2017年6月30日银行存款日记账余额为413280元,银行对账单余额为418900元。经逐笔核对,双方记账均无差错,但发现有下列未达账项:

(1)6 月 28 日,企业收到转账支票一张,计 46800 元,企业已作存款收入入账,但尚未到银行办理入账手续,银行尚未入账。

(2)6 月 29 日,企业开出转账支票一张,计 70200 元,用以支付供货单位账款,企业已作存款付出入账,但支票尚未到达银行,银行尚未入账。

(3)6 月 30 日,银行计算应付给企业存款利息 800 元,银行已登记入账,作为企业存款的增加,而企业未收到收款通知,尚未入账。

(4)6 月 30 日,银行代企业付水电费 18580 元,银行已登记入账,作为企业存款的减少,而企业尚未收到付款通知,尚未入账。

表 3-1 银行存款余额调节表

2017 年 6 月 30 日　　　　单位:元

项目	金额	项目	金额
企业银行存款日记账余额	413280	银行对账单余额	413280
加:银行已收、企业未收款	800	加:企业已收、银行未收款	46800
减:银行已付、企业未付款	18580	减:企业已付、银行未付款	70200
调节后的存款余额	395500	调节后的存款余额	395500

【例 3-2】 某企业 2017 年 3 月 5 日进行银行对账,3 月 1 日到 3 月 5 日企业银行存款日记账账面记录与银行出具的 3 月 5 日对账单资料及对账后勾兑的情况如下:

表 3-2 企业对账单记录

企业对账单　　　　单位:元

日期	凭证号	摘要	借方	贷方	方向	余额	标记
2017-3-1		期初余额			借	100000.00	
2017-3-1	银付-001	付料款		30000.00	借	70000.00	√

（续表）

日期	凭证号	摘要	借方	贷方	方向	余额	标记
2017－3－1	银付－002	付料款		20000.00	借	50000.00	√
2017－3－1	银收－001	收销货款	10000.00		借	60000.00	√
2013－3－2	银收－002	收销货款	20000.00		借	80000.00	√
2017－3－2	银付－003	交税金		80000.00	借	0.00	√
2017－3－3	银收－003	收销货款	60000.00		借	60000.00	
2017－3－3	银付－004	取备用金		20000.00	借	40000.00	
2017－3－5		期末余额			借	40000.00	

表 3－3　银行对账单记录

银行对账单　　单位:元

日期	摘要	账单号	借方	贷方	方向	余额	标记
2017－3－1	期初余额				贷	100000.00	
2017－3－2	转支	0000501	30000.00		贷	70000.00	√
2017－3－2	转支	0000602	20000.00		贷	50000.00	√
2017－3－2	收入存款	0000103		10000.00	贷	60000.00	√
2017－3－3	收入存款	0000544		20000.00	贷	80000.00	√
2017－3－3	转支	0000185	80000.00		贷	0.00	√
2017－3－4	收入存款	0000066		80000.00	贷	80000.00	
2017－3－4	付出	0000207	70000.00		贷	10000.00	
2017－3－5	期末余额					10000.00	

银行存款余额调节表编制如表 3 - 4 所示：

表 3 - 4　银行存款余额调节表　　　　单位:元

项目	金额	项目	金额
企业银行存款日记账余额	40000	银行对账单余额	10000
加:银行已收、企业未收款	80000	加:企业已收、银行未收款	60000
减:银行已付、企业未付款	70000	减:企业已付、银行未付款	20000
调节后的存款余额	50000	调节后的存款余额	50000

银行存款余额调节表的编制方法,是双方在账面余额的基础上各自补记对方已记账、本单位未记账的金额。根据双方账面余额和未达账项调节后的余额是企业实际可使用的存款数额。

需要说明的是,银行存款双方余额调节相符后,对未达账项一般暂不作账务处理,对银行已入账而企业未入账的各项经济业务,不能根据银行存款余额调节表来编制会计分录,作为记账依据,而必须在收到银行转来的有关原始凭证后方可入账。

三、银行存款余额调节表的作用

(1)银行存款余额调节表是一种对账记录或对账工具,不能作为调整账面记录的依据,即不能根据银行存款余额调节表中的未达账项来调整银行存款账面记录,未达账项只有在收到有关凭证后才能进行有关的账务处理。

(2)调节后的余额如果相等,通常说明企业和银行的账面记录一般没有错误,该余额通常为企业可以动用的银行存款实有数。

(3)调节后的余额如果不相等,通常说明一方或双方记账有误,需进一步追查,查明原因后予以更正和处理。

【例题 1 · 单选题】 下列记录可以作为调整账面数字的原始凭证

的是（　　）。

A. 盘存单　　　　　　　B. 实存账存对比表

C. 银行存款余额调节表　D. 往来款项对账单

[答案]B

第四章　财务会计报告

第一节　财务会计报告概述

一、财务会计报告的概念

财务会计报告，是指单位根据经过审核的会计账簿记录和有关资料，编制并对外提供的反映单位某一特定日期财务状况和某一会计期间经营成果、现金流量的书面文件。

每个会计期末，必须根据账簿上记录的资料，按照规定的报表格式、内容和编制方法，作进一步的归集、加工和汇总，编制成相应的会计报表，全面、综合地反映企业的财务状况、经营成果和现金流量情况，为有关各方提供全面的信息。

二、财务报告的目标

财务会计报告的目标，就是为财务会计报告使用者提供与企业财务状况、经营成果和现金流量等有关会计信息，反映企业管理层受托责任履行的情况，有助于财务报告使用者作出经济决策。

财务会计报告使用者通常包括：投资者、债权人、政府及相关机构、企业管理人员、职工和社会公众等。不同的报表使用者对财务会计报告所提供信息的要求各有侧重。

(1)股东(投资者)主要关注投资的内在风险和投资的报酬。

(2)债权人主要关注的是其所提供给企业的资金是否安全,自己的债权是否能够按期如数收回(按时收回本息)。

(3)政府及相关机构最关注的是国家资源的分配和运用情况,需要了解与经济政策(如税收政策)的制定、国民收入的统计等有关方面的信息。

(4)企业管理人员最关注的是企业财务状况的好坏、经营业绩的大小以及现金的流动情况。

(5)企业职工最关注的是企业为其所提供的就业机会及其稳定性、劳动报酬高低和职工福利好坏等方面的资料,而上述情况又与企业的资本结构及其盈利能力等情况密切相关。

(6)社会公众主要关注与自身利益及社会利益相关的某些特定的企业财务会计信息。

三、企业财务会计报告的构成

(1)企业财务会计报告分为年度和中期财务报告。

中期财务报告是指以中期为基础编制的财务报告,中期是指短于一个完整的会计年度的报告期间。半年度、季度和月度财务会计报告统称为中期财务会计报告。

(2)财务会计报告包括会计报表及其附注和其他应当在财务会计报告中披露的相关信息的资料。一套完整的财务报告至少应当括“四表一注”,即资产负债表、利润表、现金流量表、所有者权益变动表以及附注。中期财务报告至少应当包括资产负债表、利润表、现金流量表和附注。

(3)会计报表是财务会计报告的主要组成部分,其中又包括三张基本会计报表:

① 资产负债表是反映企业某一特定日期财务状况的静态报表;

② 利润表是反映企业在一定期间经营成果的动态报表；

③ 现金流量表是反映企业在一定期间内现金及现金等价物流入和流出情况(现金流量情况)的动态报表。

(4)各期间财务会计报告编制的时间要求和基本内容是:(了解)

① 月度财务会计报告。在每月终了后 6 日内报出,至少应当包括资产负债表和利润表。

② 季度财务会计报告。在每季度终了后的 15 日内报出,包括的内容与月度财务会计报告基本相同。

③ 半年度财务会计报告。在每半年度终了后 60 天内报出,包括资产负债表、利润表、现金流量表和会计报表附注。

④ 年度财务会计报告。在每年度终了后 4 个月内对外提供,包括财务会计报告的全部内容。

根据我国《小企业会计制度》规定,小企业的年度财务会计报告包括资产负债表、利润表和会计报表附注,小企业可以根据需要选择是否编制现金流量表。

我国《财务会计报告条例》规定,年度结账日为公历年度每年的 12 月 31 日;半年度、季度、月度结账日分别为公历年度每半年、每季、每月的最后一天。

【例题 1·多选题】 年度财务会计报告应当包括(　　)。

A. 资产负债表　B. 会计报表附注　C. 所有者权益变动表　D. 现金流量表

[答案]ABCD

四、财务会计报告的编制要求

编制的财务会计报告应当真实可靠、相关可比、全面完整、编报及时、便于理解,符合国家统一的会计制度和会计准则的有关规定。其基本要求如下:

1. 真实可靠

如果会计报表所提供的资料不真实或者可靠性很差，则会致使报表使用者作出错误的决策。企业会计准则规定，会计核算应当以实际发生的交易或事项为依据，如实反映企业的财务状况、经营成果和现金流量。

2. 相关可比

企业会计报表所提供的财务会计信息必须与报表使用者的决策需要相关，满足报表使用者的需要，并且会计报表各项目的数据应当口径一致、相互可比，便于报表使用者在不同企业之间及同一企业前后各期之间进行比较。

3. 全面完整

企业会计报表应当全面地披露企业的财务状况、经营成果和现金流动情况，完整地反映企业财务活动的过程和结果，以满足各有关方面对财务会计信息资料的需要。不得漏编漏报。

4. 编报及时

企业会计报表所提供的信息资料，具有很强的时效性。只有及时编制和报送会计报表，才能为使用者提供决策所需的信息资料。

5. 便于理解

可理解性是指会计报表提供的信息可以为使用者所理解。因此，编制的会计报表应当清晰明了，便于理解和利用。

我国《企业财务会计报告条例》规定，企业对外提供的财务会计报告应当依次编定页数，加具封面，装订成册，加盖公章。封面上应当注明：企业名称、企业统一代码、组织形式、地址、报表所属年度或者月份、报出日期，并由企业负责人和主管会计工作的负责人、会计机构负责人（会计主管人员）签名并盖章；设置总会计师的企业，还应当由总会计师签名并盖章。（注意：签名并盖章，而非或）

第二节　资产负债表

一、资产负债表的概念和意义

(一)资产负债表的概念

1. 定义

资产负债表是反映企业某一特定日期(如月末、季末、年末等)财务状况的会计报表。

2. 依据

资产负债表是根据“资产＝负债＋所有者权益”这一会计等式,依照一定的分类标准和顺序,将企业在一定日期的全部资产、负债和所有者权益项目进行适当分类、汇总、排列后编制而成的。

3. 反映的主要内容

(1)资产

资产是由过去交易、事项形成并由企业在某一特定日期所拥有或控制的、预期会给企业带来经济利益的资源。

资产按照流动性由大到小的顺序排列,分为流动资产、非流动资产列示。

① 流动资产是指可以在一年或者超过一年的一个营业周期内变现或耗用的资产。通常包括:货币资金、交易性金融资产、应收票据、应收账款、其他应收款、预付账款、存货、一年内到期的非流动资产等。

② 非流动资产项目通常包括:长期投资、固定资产、无形资产、递延所得税资产及其他非流动资产等。

(2)负债

负债是企业在某一特定日期企业所承担的、预期会导致经济利益流出企业的现时义务。

负债按到期日由近到远一般分为流动负债和长期负债。

① 流动负债是指将在一年(含一年)或者超过一年的一个营业周期内偿还的债务。流动负债项目包括:短期借款、交易性金融负债、应付票据、应付账款、预收账款、应付职工薪酬、应交税费、应付股利、其他应付款、一年内到期的非流动负债和其他流动负债等。

② 长期负债是指偿还期在一年以上或者超过一年的一个营业周期以上的负债。长期负债项目包括:长期借款、应付债券、长期应付款、专项应付款、递延所得税负债和其他非流动负债等。

(3)所有者权益

所有者权益反映企业在某一特定日期股东(投资者)拥有的净资产的总额,它一般按照实收资本(或股本)、资本公积、盈余公积和未分配利润分项列示。

【例题 2·多选题】 以下属于资产负债表项目的有(　　)。

A. 营业成本　B. 工程物资　C. 实收资本　D. 未分配利润

[答案]BCD

(二)资产负债表的意义

资产负债表可以反映企业资产、负债和所有者权益的全貌。

(1)通过编制资产负债表,可以反映企业资产的构成及其状况,分析企业在某一日期所拥有的经济资源及其分布情况;可以反映企业某一日期的负债总额及其结构,分析企业目前与未来的需要支付的债务数额;可以反映企业所有者权益的情况,了解企业现有的投资者在企业资产总额中所占的份额。

(2)通过对资产负债表项目金额及其相关比率的分析,可以帮助报表使用者全面了解企业的资产状况，分析企业的债务偿还能力，从而为未来的经济决策提供参考信息。例如，通过资产负债表可以计算流动比率、速动比率，以了解企业的短期偿债能力；又如，通过资产负债表可以计算资产负债率，以了解企业偿付到期长期债务的能力。

二、资产负债表的格式

(1)资产负债表由表头、表身和表尾等部分组成。表头部分应列明报表名称、编表单位名称、编制日期和金额计量单位；表身部分反映资产、负债和所有者权益的内容；表尾部分为补充说明。其中，表身部分是资产负债表的主体和核心。

(2)资产负债表的格式主要有账户式和报告式两种。我国企业的资产负债表采用账户式结构。

账户式资产负债表分左右两方。

(1)左方为资产项目，按资产的流动性大小排列。

流动性大的资产如“货币资金”“交易性金融资产”等排在前面，流动性小的资产如“持有至到期投资”“固定资产”等则排在后面。

(2)右方为负债及所有者权益项目，一般按求偿权先后顺序排列。

① 负债在先，负债按到期日由近到远排列

“短期借款”“应付票据”等需要在一年以内或者长于一年的一个营业周期内偿还的流动负债排在前面，“长期借款”等在一年以上或者长于一年的一个营业周期以上才需偿还的长期负债排在后面。

② 所有者权益在后，按留在企业的永久性程度由大到小排列

“实收资本(或股本)”在前，“未分配利润”在最后。

账户式资产负债表中的资产各项目的合计＝负债和所有者权益各项目的合计，即资产负债表左方和右方平衡，即“资产＝负债＋所有者权益”。资产负债表的基本格式如表 4－1 所示。

表 4－1 资产负债表 **会企 01 表**

编制单位： 年 月 日 单位:元

资产	期末余额	年初余额	负债和所有者权益（或股东权益）	期末余额	年初余额
流动资产：			流动负债：		
货币资金			短期借款		
交易性金融资产			交易性金融负债		
应收票据			应付票据		
应收账款			应付账款		
预付账款			预付账款		
应收股利			应付职工薪酬		
应收利息			应交税费		
其他应收款			应付利息		
存货			应付股利		
其中:消耗性生物资产			其他应付款		
一年内到期的非流动资产			一年内到期的非流动负债		
其他流动资产			其他流动负债		
流动资产合计			流动负债合计		
非流动资产：			非流动负债：		
可供出售金融资产			长期借款		
持有至到期投资			应付债券		
长期应收款			长期应付款		
长期股权投资			专项应付款		
投资性房地产			递延所得税负债		

（续表）

资产	期末余额	年初余额	负债和所有者权益（或股东权益）	期末余额	年初余额
固定资产			预计负债		
在建工程			其他非流动负债		
工程物资			非流动负债合计		
固定资产清理			负债合计		
生产性生物资产			所有权益（或股东权益）		
油气资产			实收资本（或股本）		
无形资产			资本公积		
开发支出			盈余公积		
商誉			未分配利润		
长期待摊费用			减：库存股		
递延所得税资产			所有者权益（或股东权益）合计		
其他非流动资产					
其他非流动合计					
资产总计			负债和所有者权益（或股东权益）总计		

【例题 3 · 单选题】 资产负债表是反映企业（　　）财务状况的财务报表。

A. 某一特定日期　　　B. 一定时期内

C. 某一年份内　　　　D. 某一月份内

［答案］A

【例题 4 · 判断题】 企业的账户式资产负债表左侧资产项目是按

金额大小排列的。(　　)

[答案]×

【例题 5・单选题】 依照我国的会计准则，资产负债表采用的格式为(　　)。

A. 单步报告式　　B. 多步报告式

C. 账户式　　D. 混合式

[答案]C

【例题 6・单选题】 在资产负债表中，资产按照其流动性排列时，下列排列方法正确的是(　　)。

A. 存货、无形资产、货币资金、交易性金融资产

B. 交易性金融资产、存货、无形资产、货币资金

C. 无形资产、货币资金、交易性金融资产、存货

D. 货币资金、交易性金融资产、存货、无形资产

[答案]D

三、资产负债表的编制方法

(一)资产负债表项目的填列方法

通常，资产负债表的各项目均需填列"年初数""期末数"两栏。其中：

(1)资产负债表的"年初数"栏内各项数字，应根据上年末资产负债表的"期末数"栏内所列数字填列。如果本年度资产负债表规定的各项目的名称和内容与上年不一致，则应对上年末资产负债表各项目的名称和数字按照本年度的规定进行调整。

(2)资产负债表的"期末数"栏内各项数字，应根据会计账簿填列：

① 根据总账科目余额填列

a. 直接根据总账科目期末余额填列

如“应收票据”“短期借款”等项目。

b. 根据几个总账科目期末余额计算填列

如“货币资金”项目，需根据“库存现金”“银行存款”“其他货币资金”三个总账科目的期末余额的合计数填列。

② 根据明细账科目余额计算填列

如“应收账款”项目，需要根据“应收账款”和“预收账款”两个科目分别所属的明细科目期末借方余额计算填列（原因：均为销售环节产生）；

如“应付账款”项目，需要根据“应付账款”和“预付账款”两个科目分别所属的明细科目期末贷方余额计算填列（原因：均为采购环节产生）。

③ 根据总账科目和明细账科目余额分析计算填列

如“长期借款”项目，需要根据“长期借款”总账科目余额扣除其所属明细科目中将在一年内到期的长期借款部分分析计算填列。

④ 根据科目余额减去其备抵项目后的净额填列

如“固定资产”项目，应根据“固定资产”科目的期末余额，减去“累计折旧”和“固定资产减值准备”科目期末余额后的净额填列。

⑤ 综合运用上述方法分析填列

如“存货”项目，需要根据“在途物资”“材料采购”“材料成本差异”“原材料”“生产成本”“库存商品”等总账科目期末余额的分析汇总数，再减去“存货跌价准备”科目余额后的净额填列。

【例题 7 · 单选题】 某企业会计年度的期末应收账款所属明细账户借方余额之和为 500800 元，所属明细账户贷方余额之和为 9800 元，总账为借方余额 491000 元。则在当期资产负债表“应收账款”项目所填列的数额为（　　）。

A. 500800 元　B. 9800 元　C. 491000 元　D. 510600 元

［答案］A

（二）资产负债表各项目的填列说明（略）

第三节　利润表

一、利润表的概念和意义

(一)利润表的概念

利润表,是反映企业在一定会计期间经营成果的报表。

(二)利润表的意义

通过利润表可以从总体上了解企业收入、成本和费用及净利润(或亏损)的实现及构成情况;同时,通过利润表提供的不同时期的比较数字(本月数、本年累计数、上年数),可以分析企业的获利能力及利润的未来发展趋势,了解投资者投入资本的保值增值情况。

【例题8·判断题】 利润表是反映企业一定日期财务状况的财务报表。(　　)

[答案]×

二、利润表的格式(较重要)

(1)利润表由表头、表身和表尾等部分组成。表身部分为利润表的主体和核心。

(2)利润表的格式主要有多步式利润表和单步式利润表两种。我国企业的利润表采用多步式。

(3)多步式利润表的主要编制步骤和内容如下:

① 第一步,计算营业利润

营业利润=营业收入-营业成本-营业税金及附加-销售费用-管理费用-财务费用-资产减值损失+公允价值变动收益(-公允价值

变动损失)+投资收益(-投资损失)

其中营业收入由主营业务收入和其他业务收入组成。

② 第二步,计算利润总额

利润总额=营业利润+营业外收入-营业外支出

③ 第三步,计算净利润

净利润=利润总额-所得税费用

【例题 9 · 多选题】 以下选项正确的有(　　)。

A. 净利润=利润总额-所得税费用

B. 营业利润=营业收入-营业成本-营业税金及附加-销售费用-管理费用-财务费用-资产减值损失+公允价值变动收益+投资收益

C. 营业收入=主营业务收入+其他业务收入

D. 营业成本=主营业务成本+营业税金及附加

[答案]ABC

【例题 10 · 单选题】 企业本月利润表中的营业收入为 450000 元,营业成本为 216000 元,营业税金及附加为 9000 元,管理费用为 10000 元,财务费用为 5000 元,销售费用为 8000 元,则其营业利润为(　　)元。

A. 217000　B. 225000　C. 234000　D. 202000

[答案]D

【例题 11 · 多选题】 下列影响利润总额计算的项目有(　　)。

A. 营业收入　B. 营业外支出　C. 营业外收入　D. 投资收益

[答案]ABCD

三、利润表的编制方法(略)

第二部分

专项练习

一、试算平衡表

1. 编制试算平衡表

新能源公司试算平衡表　　　　单位:元

	期初余额		本期发生额		期末余额	
会计科目	借方	贷方	借方	贷方	借方	贷方
库存现金	(1)		500	450	610	
银行存款	14800		(2)	7570	(3)	
应收账款	7900		(4)	(5)	11820	
库存商品	5500		4800	5300	5000	
固定资产	123540				123540	
累计折旧		3800		1100		(6)
短期借款		10000				10000
应付账款		3500	5000	(7)		1300
实收资本		120000		100000		(8)
利润分配		15000		(9)		24000
合计	152300	152300	(10)	129220	(11)	(12)

2. 编制试算平衡表

新能源公司试算平衡表　　　　单位:元

会计科目	期初余额		本期发生额		期末余额	
	借方	贷方	借方	贷方	借方	贷方
库存现金	500				500	
银行存款	(1)		6080	(2)	(3)	
应收账款	4500			3000	(4)	

（续表）

会计科目	期初余额		本期发生额		期末余额	
	借方	贷方	借方	贷方	借方	贷方
库存商品	6800		6200	(5)	3000	
固定资产	83200				83200	
短期借款		10000				10000
应付账款		(6)	3300	(7)		(8)
实收资本		100000				100000
利润分配		15000				15000
管理费用			400		400	
主营业务收入				10000		10000
主营业务成本			(9)		(10)	
合计	130000	130000	(11)	31100	(12)	139700

3. 资料：新能源公司 2017 年 11 月初有关账户的余额如下：（单位：元）（不考虑增值税）

账户名称	借方余额	账户名称	贷方余额
库存现金	760	短期借款	10000
银行存款	17800	应付账款	5500
应收账款	6900	实收资本	100000
库存商品	5500	利润分配	15000
固定资产	103540	累计折旧	4000

该公司 11 月份发生如下经济业务：

(1)收到投资者追加投入的资本金 100000 元，存入银行。

(2)收到购货方上月所欠货款 3000 元，存入银行。

(3)本月对外销售商品一批，共计收入 9000 元，款项全部收到，存入银行。

(4)购入价值 4800 元的商品一批，当即以银行存款支付 2000 元，余款暂付。

(5)以银行存款支付上月所欠货款 5000 元。

(6)本期库存商品期末盘存数为 5000 元,其余为本期销售数。

要求:请代新能源公司完成下列结账前的试算平衡表的编制。

新能源公司结账前试算平衡表

2017 年 11 月 30 日　　　　单位:元

会计科目	期末余额	
	借方	贷方
库存现金	760	
银行存款	(1)	
应收账款	(2)	
库存商品	(3)	
固定资产	103540	
短期借款		10000
应付账款		(4)
实收资本		(5)
利润分配		15000
累计折旧		4000
主营业务收入		(6)
主营业务成本	(7)	
合计	(8)	(9)

4. 资料:新能源公司 2017 年 12 月末有关账户的余额如下(单位:元):(不考虑增值税)

账户名称	借方余额	贷方余额
银行存款	10000	
应收账款	3900	
库存商品	10000	

固定资产	20000	
短期借款		15000
应付账款		8000
实收资本		15000
主营业务收入		8830
主营业务成本		3800
销售费用	1000	
管理费用	2000	
合计	46900	50630

经核对日记账及分类账发现以下错误：

(1)用银行存款支付电话费 250 元，误记为 205 元。

(2)赊销商品一批，计 2000 元，过账时误记入应收账款账户贷方。

(3)从银行存款户中支付短期借款利息 200 元，误作为归还短期借款 2000 元。

(4)本月电费 580 元，过账时管理费用账户借记 850 元。

(5)购入办公用的复印机一台，价值 4000 元，误作为库存商品登记入账。

随后，会计人员对所发现的错账分别进行了更正。

要求：请代新能源公司完成上列更正错账之后的试算平衡表的编制。

新能源公司结账前试算平衡表

2017 年 12 月 31 日　　　　单位：元

科目名称	期末余额	
	借方	贷方
银行存款	(1)	
应收账款	(2)	

（续表）

科目名称	期末余额	
	借方	贷方
库存商品	(3)	
固定资产	(4)	
短期借款		(5)
应付账款		8000
实收资本		15000
主营业务收入		8830
主营业务成本		3800
销售费用	1000	
管理费用	(6)	
财务费用	(7)	
合计	(8)	(9)

5. 资料：新能源公司2017年12月末有关账户的余额如下：(单位：元)(不考虑增值税)

账户名称	借方余额	贷方余额
银行存款	40000	
库存现金	9600	
应收账款	50000	
库存商品	200000	
固定资产	250000	
累计折旧		119400
应付账款		300000
利润分配		34300
主营业务收入		303700

主营业务成本	200000	
销售费用	5000	
管理费用	11800	
合计	766400	757400

经核对日记账及分类账发现以下错误：

(1)从银行提取现金 680 元备用，误记为 860 元。

(2)赊购材料一批，计 4500 元，过账时误记入应付账款账户借方。

(3)虚记一笔赊销商品业务，金额为 15000 元。

(4)通过银行转账对外捐赠 5000 元，过账时误记入管理费用借方 5000 元。

(5)漏记办公用设备的折旧费 1200 元。

(6)购入办公用的复印机一台，价值 5600 元，误作为库存商品登记入账。

随后，会计人员对所发现的错账分别进行了更正。

要求：请代新能源公司完成上列更正错账之后的试算平衡表的编制。

新能源公司错账更正后试算平衡表

2017 年 12 月 31 日　　　　单位：元

科目名称	期末余额	
	借方	贷方
银行存款	(1)	
库存现金	(2)	
应收账款	(3)	
库存商品	(4)	
固定资产	(5)	

（续表）

科目名称	期末余额	
	借方	贷方
累计折旧		(6)
应付账款		(7)
利润分配		34300
主营业务收入		(8)
主营业务成本	200000	
销售费用	5000	
管理费用	(9)	
营业外支出	(10)	
合计	(11)	(12)

6. 新能源公司 2017 年 12 月末有关账户的余额如下(单位:元):(不考虑增值税)

账户名称	借方余额	贷方余额
银行存款	71000	
库存商品	300000	
固定资产	400000	
累计折旧		50000
应付账款		6000
短期借款		300000
盈余公积		5000
利润分配		15000
本年利润		135000
主营业务收入		310000

销售费用	20000	
管理费用	30000	
合计	821000	821000

月末，新能源公司的会计人员进行了以下经济业务的结账处理：

(1)计提本月办公用固定资产折旧 2000 元。

(2)结转本月已销售商品成本，共计 180000 元。

(3)结转本月的损益类账户至“本年利润”账户。

(4)按 25%的所得税税率计算本月应交所得税。

(5)将本月所得税结转至“本年利润”账户。

(6)结转“本年利润”账户。

要求：根据上述资料，完成下列新能源公司 12 月份的结账后试算平衡表的编制。

新能源公司结账后试算平衡表

2017 年 12 月 31 日　　　　单位：元

科目名称	期末余额	
	借方	贷方
银行存款	71000	
库存商品	(1)	
固定资产	(2)	
累计折旧		(3)
应付账款		6000
短期借款		(4)
应交税费		(5)
盈余公积		(6)
利润分配		(7)
合计	(8)	591000

7. 新能源公司 2017 年 12 月末有关账户的余额如下（单位：元）：（不考虑增值税）

账户名称	借方余额	贷方余额
库存现金	81030	
银行存款	320000	
原材料	40000	
应收账款	180000	
累计折旧		10000
应付账款		15800
短期借款		40000
实收资本		400000
盈余公积		21630
利润分配		60000
主营业务收入		134000
主营业务成本	49500	
销售费用	8900	
管理费用	15900	
合计	695330	681430

经核对日记账及分类账的发现以下错误：

(1)从银行提取现金 530 元备用，误记为 350 元。

(2)赊购材料一批，计 6500 元，过账时误记放应付账款账户借方。

(3)虚记一笔赊销商品业务，金额为 15000 元。

(4)通过银行转账对外捐款 4500 元，过账时误记入管理费用借方 5400 元。

(5)漏记办公设备的折旧费 2500 元。

随后，会计人员对所发现的错账分别进行了更正。

要求：请代新能源公司完成下列更正错账之后的试算平衡表的编制。

新能源公司　更正错账后试算平衡表

2017 年 12 月 31 日　　　　单位：元

	期末余额	
	借方	贷方
库存现金	(1)81210	
银行存款	(2)319820	
原材料	40000	
应收账款	(3)165000	
累计折旧		(4)12500
应付账款		(5)28800
短期借款		40000
实收资本		400000
盈余公积		21630
利润分配		60000
主营业务收入		(6)119000
主营业务成本	49500	
销售费用	8900	
管理费用	13000	
营业外支出	(7)4500	
合计	(8)681930	681930

8.(1)12 月 2 日，收到前欠货款 10000 元，款项存入银行。

(2)12 月 5 日，开出金额为 15800 元的转账支票一张，用以支付所购入的商品款，商品已验收入库。

(3)12 月 9 日，接银行通知，异地购贷方上月所欠贷款 6500 元已到账。

(4)12 月 20 日，购入一台复印机，价款 8900 元，运费 100 元，款项暂欠。

(5)12 月 31 日,将本月 2 日销售的 1200 件商品成本 78000 元,结转至主营业务成本。

(6)12 月 31 日,将本月的损益类账户结转至本年利润。

要求:在下表中填上正确数字完成 12 月份新能源公司的发生额试算平衡表的编制。

新能源公司　结账后试算平衡表

2017 年 12 月 31 日　　　　单位:元

	期末余额	
	借方	贷方
银行存款	(1)16500	(2)15800
应收账款		(3)16500
库存商品	(4)15800	(5)78000
固定资产	(6)9000	
应付账款		(7)9000
主营业务成本	(8)78000	
合计	119300	119300

9. 资料:新能源公司 2017 年 8 月份发生如下经济业务(不考虑增值税)

(1)8 月 2 日,销售商品一批,共 10000 件,单价 50 元,款项收到已存入银行。

(2)8 月 9 日,用银行存款支付前欠 A 公司的货款 300000 元。

(3)8 月 15 日,向银行借入 3 年期借款 500000 元,存入银行。

(4)8 月 18 日,收到投资人追加投入的资本金 1000000 元,已存入银行。

(5)8 月 31 日,将本月 2 日销售的产品成本 350000 元结转至主营业务成本。

(6)8 月 31 日,将本月实现的销售收入 500000 元结转至本年利润。

(7)8 月 31 日,将本月发生的销售成本 350000 元结转至本年利润。

要求:在下表填上正确数字完成 8 月份新能源公司的发生额试算平衡表的编制。

发生额试算平衡表

2017 年 8 月　　　　单位:元

	本期发生额	
	借方	贷方
银行存款	(1)2000000	(2)300000
库存商品		(3)350000
应付账款	(4)300000	
长期借款		(5)500000
实收资本		(6)1000000
本年利润	(7)350000	(8)500000
合计	2650000	2650000

10.

试算平衡表

2017 年 10 月　　　　单位:元

账户名称	借方余额	贷方余额
库存现金	1000	
银行存款	98000	

（续表）

账户名称	借方余额	贷方余额
应收账款	40000	
库存商品	228000	
固定资产	300000	
累计折旧		8000
短期借款		50000
应付账款		45000
实收资本		200000
盈余公积		7000
利润分配		10000
本年利润		86000
主营业务收入		300000
销售费用	14000	
管理费用	25000	
合计	706000	706000

月末，新能源公司的会计人员对以下经济事项进行了结账处理。

(1)计提本月办公用固定资产折旧 3000 元。

(2)结转本月已售商品成本，共计 150000 元。

(3)结转本月的损益类账户至“本年利润”账户。

(4)按 25%的所得税税率计算本月应交所得税。

(5)将本月所得税结转至“本年利润”账户。

(6)结转“本年利润”账户。

要求：根据上述资料，完成下列新能源公司 10 月份的结账后试算平衡表的编制。

新能源公司结账后余额试算表

会计科目	期末余额	
	借方	贷方
库存现金	1000	
银行存款	(1)98000	
应收账款	(2)40000	
库存商品	(3)78000	
固定资产	300000	
累计折旧		(4)11000
短期借款		50000
应付账款		(5)45000
实收资本		200000
应交税费		(6)27000
盈余公积		7000
利润分配		(7)177000
合计	(8)517000	517000

11. 新能源公司 2017 年 12 月有关业务如下:(不考虑增值税)

(1)销售商品品取得收入 10000 元,存入银行。

(2)收到投资者投资 50000 元,款项存入银行。

(3)以库存现金 180 元支付办公用品费 180 元。

(4)提取本月办公设备折旧费 500 元。

(5)购入价值 5000 元的商品一批,当即以银行存款支付 3000 元,余款暂欠。

(6)收到购货方上月前欠货款5000元，存入银行。

(7)本期库存商品期末盘存数为22000元，其余为本期销售数。

要求：请代新能源公司完成下列结账前的试算平衡表的编制。

新能源公司结账前试算平衡表

2017年12月31日　　　　单位：元

会计科目	期初余额		本期发生额		期末余额	
	借方	贷方	借方	贷方	借方	贷方
库存现金	550			180	370	
银行存款	80700		(1)65000	3000	(2)142700	
应收账款	32150			5000	(3)27150	
库存商品	24600		5000	(4)7600	22000	
固定资产	225000				225000	
累计折旧		3000		500		(5)3500
短期借款		40000				40000
应付账款		50000		(6)2000		(7)52000
实收资本		250000		50000		(8)300000
利润分配		20000				20000
管理费用			680		680	
主营业务收入				10000		10000
主营业务成本			(9)7600		(10)7600	
合计	363000	363000	(11)78280	78280	(12)425500	425500

12. 新能源公司编制的2017年12月份的试算平衡表如下表所示，请根据试算平衡原理，在标号后的空格内填上正确的数字，使试算平衡

表平衡。

新能源公司 12 月份试算平衡表 单位:元

会计科目	期初余额		本期发生额		期末余额	
	借方	贷方	借方	贷方	借方	贷方
库存现金	(1)480		500	300	680	
银行存款	76500		(2)30000	12500	(3)94000	
应收账款	32100		(4)28500		60600	
库存商品	80700		20000	(5)30000	70700	
固定资产	225000				225000	
累计折旧		5000		1500		(6)6500
短期借款		30000				30000
应付账款		50000		(7)10000		60000
实收资本		250000				250000
利润分配		79780		(8)24700		(9)104480
合计	414780	414780	(10)79000	79000	(11)450980	(12)450980

13. 新能源公司 2017 年 12 月有关业务如下:(不考虑增值税)

(1)以银行存款 2000 元购入商品一批。

(2)从银行存款户中归还银行的短期借款本金 11000 元,利息 150 元。

(3)收回其他单位的欠款 4000 元,存入银行。

(4)用现金购入办公用品 200 元。

(5)本月的销售商品收入 13000 元全部收到,存入银行。

(6)本期库存商品期末盘存数为 1600 元,其余为本期销售数。

要求:请代新能源公司完成下列结账前的试算平衡表的编制。

新能源公司结账前试算平衡表

2017 年 9 月 30 日　　　　　　单位：元

	期初余额		本期发生额		期末余额	
会计科目	借方	贷方	借方	贷方	借方	贷方
库存现金	300			200	(1)100	
银行存款	16000		(2)17000	(3)13150	(4)19850	
应收账款	4000			4000		
库存商品	4500		2000	(5)4900	(6)1600	
固定资产	68000				68000	
短期借款		12000	(7)11000			(8)1000
应付账款		4000				4000
实收资本		70000				70000
利润分配		6800				6800
财务费用			150		150	
管理费用			(9)200		200	
主营业务收入			13000		13000	
主营业务成本			(10)4900	13000	(11)4900	
合计	92800	92800	35250	35250	(12)94800	94800

二、银行存款余额调节表

1. 新能源公司 2017 年 10 月 31 日银行存款日记账为 70000 元，银行对账单的存款余额为 73150 元，经过双方逐笔核对后，发现存在以下未达账项：

(1)公司因采购材料开出转账支票一张，金额为 2000 元，公司已入账，但持票人尚未到银行办理转账手续。

(2)公司因销售商品收到购货方开来的转账支票一张，金额为 58850 元，将支票送存银行后公司做收入入账，但是银行尚未办理入账手续。

(3)公司委托银行代收外地销货款 12000 元,银行已收款入账,但公司尚未收到收款通知。

(4)银行代为支付本月水电费 5000 元,已入账,但是公司尚未收到付款通知。

(5)公司委托银行代收外地销货款 53000 元,银行已收款入账,但公司尚未收到收款通知。

要求:根据上述资料,完成以下"银行存款余额调节表"的编制。

银行存款余额调节表

编制单位:新能源公司　　　　2017 年 10 月 31 日　　　　单位:元

项　目	金　额	项　目	金　额
企业银行存款日记账余额	(1)	银行对账单余额	(5)
加:银行已收企业未收的款项合计	(2)	加:企业已收银行未收的款项合计	(6)
减:银行已付企业未付的款项合计	(3)	减:企业已付银行未付的款项合计	(7)
调节后余额	(4)	调节后余额	(8)

2. 新能源公司 2017 年 9 月 20 日至月末的银行存款日记账所记录的经济业务如下:

(1)20 日,收到销货款转账支票 6500 元。

(2)21 日,开出支票＃0130,用以支付购入材料的货款 12000 元。

(3)23 日,开出支票＃0131,支付购料的运杂费 2500 元。

(4)26 日,收到销货款转账支票 3200 元。

(5)28 日,开出支票＃0132,公司日常办公费用 4800 元。

(6)30 日,开出支票＃0133,用以支付下半年的房租 24000 元。

(7)30 日,银行存款日记账的账面余额为 168000 元。

银行对账单所列新能源公司 9 月 20 日至月末的经济业务如下:

(1)20 日,结算新能源公司的银行存款利息 1523 元。

(2)22 日,收到销售款转账支票 6500 元。

(3)23 日收到新能源公司开出的支票#0130,金额为 12000 元。

(4)25 日,银行为新能源公司代付水电费 2900 元。

(5)26 日,收到华天司开出的支票#0131,金额为 2500 元。

(6)29 日,为新能源公司代收外地购货方汇来的货款 10600 元。

(7)30 日,银行对账单的存款金额为 202823 元。

要求:根据上述资料、代新能源公司完成以下银行存款余额调节表的编制。

银行存款余额调节表

编制单位:新能源公司　　　　2017 年 9 月 30 日　　　　单位:元

项　目	金　额	项　目	金　额
企业银行存款日记账余额	(1)	银行对账单余额	(5)
加:银行已收企业未收的款项合计	(2)	加:企业已收银行未收的款项合计	(6)
减:银行已付企业未付的款项合计	(3)	减:企业已付银行未付的款项合计	(7)
调节后余额	(4)	调节后余额	(8)

3. 资料:新能源公司 2017 年 4 月 30 日银行存款对账单的存款余额为 269000 元,4 月底公司与银行往来的其余资料如下:

(1)4 月 30 日收到购货方转账支票一张,金额为 36800 元,已经送存银行,但银行尚未入账。

(2)本公司当月的水电费用 1325 元,银行已代收为支付,但公司未接到通知而尚未入账。

(3)本公司当月开出的用以支付供货方货款的转账支票，尚有48320元未兑现。

(4)本公司送存银行的某客户转账支票12240元，因对方存款不足而被退票，而公司未接到通知。

(5)公司委托银行代收的款项100000元，银行已转入本公司的存款户，但本公司尚未收到通知入账。

假定公司与银行的存款余额调整后核对相符。

要求：请代新能源公司完成以下银行存款余额调节表的编制。

银行存款余额调节表

编制单位：新能源公司　　2017年4月30日　　单位：元

项　目	金　额	项　目	金　额
企业银行存款日记账余额	(1)	银行对账单余额	(5)
加：银行已收企业未收的款项合计	(2)	加：企业已收银行未收的款项合计	(6)
减：银行已付企业未付的款项合计	(3)	减：企业已付银行未付的款项合计	(7)
调节后余额	(4)	调节后余额	(8)

4. 资料：新能源公司2017年6月30日收到的银行对账单的存款余额为67000元，与银行存款日记账余额不符，经核对，公司与银行均无记账错误，但是发现有下列未达账款，资料如下：

(1)6月28日，新能源公司开出一张金额为15800元的转账支票用以支付供货方货款，但供货方尚未持该支票到银行兑现。

(2)6月30日，新能源公司送达的银行的某客户转账支票4200元，因对方存款不足而被退票，而公司未接到通知。

(3)6 月 30 日，新能源公司当月的水电费用 1300 元，银行已代为支付，但公司未接到付款通知而尚未入账。

(4)6 月 30 日，银行计算应付给新能源公司的存款利息 360 元，银行已入账，而公司尚未收到收款通知。

(5)6 月 30 日，新能源公司委托银行代收的款项 11000 元，银行已转入公司的存款户，但公司尚未收到通知入账。

(6)6 月 30 日，新能源公司收到购货方转账支票，金额为 7900 元，已经送存银行，但银行未入账。

假定新能源公司与银行的存款余额调整后核对相符。

要求：请代新能源公司完成以下银行存款余额调节表的编制。

银行存款余额调节表

编制单位：新能源公司　　2017 年 6 月 30 日　　单位：元

项　目	金　额	项　目	金　额
企业银行存款日记账余额	(1)	银行对账单余额	(5)
加：银行已收企业未收的款项合计	(2)	加：企业已收银行未收的款项合计	(6)
减：银行已付企业未付的款项合计	(3)	减：企业已付银行未付的款项合计	(7)
调节后余额	(4)	调节后余额	(8)

5. 新能源公司 2017 年 12 月最后三天的银行存款日记账和银行对账单的有关记录如下(单位：元)：

(1)新能源公司银行存款日记账的记录

日期	摘要	金额
29 日	因销售商品收到 53＃转账支票一张	14200
29 日	开出 71＃现金支票一张	5000

30 日	收到 A 公司交来的 143＃转账支票一张	7800
30 日	开出 95＃转账支票以支付货款	11700
31 日	开出 96＃转账支票支付明年报刊订阅	600
31 日	月末余额	76840

(2)银行对账单的记录

日期	摘要	金额
29 日	收到 71＃现金支票	5000
30 日	收到 53＃转账支票	14200
30 日	收到托收的货款	20000
30 日	支付 95＃转账支票	11700
31 日	结转银行结算手续	380
31 日	月末余额	89260

银行存款余额调节表

编制单位:新能源公司　　2017 年 10 月 31 日　　单位:元

项　目	金　额	项　目	金　额
企业银行存款日记账余额	(1)76840	银行对账单余额	(5)89260
加:银行已收企业未收的款项合计	(2)20000	加:企业已收银行未收的款项合计	(6)7800
减:银行已付企业未付的款项合计	(3)380	减:企业已付银行未付的款项合计	(7)600
调节后余额	(4)96460	调节后余额	(8)96460

6. 新能源公司银行存款日记账的余额如下(单位:元):

日期	摘要	金额
10 月 29 日	因销售商品收到 76＃转账支票一张	7600

10 月 29 日　开出 45＃现金支票一张　3500

10 月 30 日　收到甲公司交来的 112＃转账支票一张　3800

10 月 30 日　开出 105＃转账支票以支付货款　1170

10 月 31 日　开出 106＃转账支票支付明年报刊阅费　1000

月末余额　66500

(2)银行对账单的记录(假定银行记录无误)

日期	摘要	金额
10 月 29 日	支付 45＃现金支票	3500
10 月 30 日	收到 76＃转账支票	7600
10 月 30 日	收到托收的货款	25000
10 月 30 日	支付 105＃转账支票	11700
10 月 31 日	结转银行结算手续费工	320
月末余额		77850

要求:代新能源公司完成下列错账更正后的银行存款余额调节表的编制。

银行存款余额调节表

编制单位:新能源公司　　2017 年 10 月 31 日　　单位:元

项　目	金　额	项　目	金　额
企业银行存款日记账余额	(1)	银行对账单余额	(5)
加:银行已收企业未收的款项合计	(2)	加:企业已收银行未收的款项合计	(6)
减:银行已付企业未付的款项合计	(3)	减:企业已付银行未付的款项合计	(7)
调节后余额	(4)	调节后余额	(8)

7. 新能源公司银行存款日记账和银行对账单

(1)新能源公司银行存款日记账的账面记录：

日期	摘要	金额
29 日	开出转账支票＃0241，用以付购料款	6800
30 日	收到购方转账支票＃0860，存入银行	6500
30 日	职工张某预借差旅费，以现金支票＃0052 支付	5000
31 日	开出转账支票＃0242，以支付审计费用	10000
31 日	收到销货方转账支票＃0098	3300
	银行存款日记账账面余额	198500

(2)银行对账单的记录：

日期	摘要	金额
30 日	转账支票＃0241	8600
31 日	存入转账支票＃0860	6500
31 日	1 年期银行贷款到账	200000
31 日	扣除当月银行手续费	300
	银行对账单余额	408100

要求：新能源公司在更正错账后编制了下列银行存款余额调节表。请完成表中有关项目的填列。

银行存款余额调节表

编制单位：新能源公司　　2017 年 10 月 31 日　　单位：元

项　目	金　额	项　目	金　额
企业银行存款日记账余额	(1)	银行对账单余额	(5)
加：银行已收企业未收的款项合计	(2)	加：企业已收银行未收的款项合计	(6)

（续表）

项　目	金　额	项　目	金　额
减：银行已付企业未付的款项合计	(3)	减：企业已付银行未付的款项合计	(7)
调节后余额	(4)	调节后余额	(8)

8. 资料：新能源公司 2017 年 10 月 31 日收到银行对账单的存款余额为 142910 元，与银行存款日记账余额不符。经核对，公司与银行均无记账错误，但是发现有下列未达账款，资料如下：

(1)公司因采购材料开出转账支票一张，金额为 2000 元，公司已入账，但持票人尚未收银行办理转账手续。

(2)公司因销售商品收到购货方开来大转账支票一张，金额为 5000 元，将支票送存银行做收入入账，但是银行尚未办理入账手续。

(3)新能源公司送存银行的某客户转账支票 20000 元。因对方存款不足而被退票，而公司未接到通知。

(4)公司委托银行代收外地销货款 4000 元，银行已收款入账，按公司尚未收到付款通知。

(5)银行代为支付本月电话费 1000 元，已入账，但是公司尚未收到付款通知。

要求：根据上述资料，完成以下“银行存款余额调节表”编制。

银行存款余额调节表

编制单位：新能源公司　　2017 年 10 月 31 日　　单位：元

项　目	金　额	项　目	金　额
企业银行存款日记账余额	(1)	银行对账单余额	(5)
加：银行已收企业未收的款项合计	(2)	加：企业已收银行未收的款项合计	(6)

（续表）

项　目	金　额	项　目	金　额
减：银行已付企业未付的款项合计	(3)	减：企业已付银行未付的款项合计	(7)
调节后余额	(4)	调节后余额	(8)

9. 资料

(1)新能源公司2017年6月20日至月末的银行存款日记账所记录的经济业务如下

① 20日，开出转账支票#0850计20000元，用以支付购料款。

② 21日，收到A公司开来的销货转账支票5600元。

③ 23日，开出支票#0851计1000元，支付购料的运杂费。

④ 26日，开出支票#0852计1500元，用以支付下半年报纸杂志费。

⑤ 29日，收到D公司开来的销货现金支票8750元。

⑥ 30日，银行存款日记账的账面余额为142800元。

(2)银行对账单所列新能源公司6月20日至月末的经济业务如下：

① 22日，收到销售转账支票5600元。

② 23日，收到新能源公司开出的支票#0850，金额为20000元。

③ 25日，收到新能源公司开出的支票#0851，金额为1000元。

④ 26日，银行为新能源公司代付本月电话费3250元。

⑤ 29日，为新能源公司代收外地购货方汇来货款3865元。

⑥ 30日，结算银行借款利息1850元。

⑦ 30日，银行对账单的存款余额数为134315元。

要求：根据上述资料，代新能源公司完成以下银行存款余额调节表的编制。

银行存款余额调节表

编制单位:新能源公司　　2017 年 10 月 31 日　　单位:元

项　目	金　额	项　目	金　额
企业银行存款日记账余额	(1)	银行对账单余额	(5)
加:银行已收企业未收的款项合计	(2)	加:企业已收银行未收的款项合计	(6)
减:银行已付企业未付的款项合计	(3)	减:企业已付银行未付的款项合计	(7)
调节后余额	(4)	调节后余额	(8)

10. 新能源公司银行存款日记账和银行对账单

(1)新能源公司银行存款日记账账面余额记录:

日期	摘要	金额
29 日	存入购货方转账支票＃104	14000
30 日	开出转账支票＃052,支付购料款	9360
30 日	开出转账支票＃053,支付运输费	1200
31 日	存入购货方转账支票＃170	5850
31 日	开出现金支票＃022,支付明年上半年房租	9600
	银行存款日记账期末余额	108700

(2)银行对账单的记录:

日期	摘要	金额
30 日	存入转账支票＃104	140410
30 日	开出转账支票＃052	9360
31 日	开出转账支票＃053	2100
31 日	代付借款利息	

31 日	收回借款的货款	20000
	银行存款对账单余额	130910

银行存款余额调节表

编制单位:新能源公司　　2017 年 10 月 31 日　　单位:元

项　目	金　额	项　目	金　额
企业银行存款日记账余额	(1)	银行对账单余额	(5)
加:银行已收企业未收的款项合计	(2)	加:企业已收银行未收的款项合计	(6)
减:银行已付企业未付的款项合计	(3)	减:企业已付银行未付的款项合计	(7)
调节后余额	(4)	调节后余额	(8)

11. 资料:新能源公司 2017 年 9 月 30 日银行日记账余额为 98500 元,9 月底公司银行往来其余资料如下:

(1)9 月 30 日收到购货方转账支票一张,金额为 12600 元,已经送存银行,但银行尚未入账。

(2)本公司当月的水电费用 800 元,银行已代为支付,但公司未接到通知而尚未入账。

(3)本公司当月开出的用以支付供货方货款的转账支票,尚有 4500 元未兑现。

(4)本公司送存银行的某客户转账支票 35000 元,因对方存款不足而被退票,而公司未接到通知。

(5)公司委托银行代收的款项 22000 元,银行已转入本公司的存款户,但本公司尚未收到通知入账。

假定公司与银行的存款余额调整后核对相符。

要求:请代新能源公司完成以下银行存款余额调节表的编制。

银行存款余额调节表

编制单位：新能源公司　　2017 年 10 月 31 日　　单位：元

项　目	金　额	项　目	金　额
企业银行存款日记账余额	(1)	银行对账单余额	(5)
加：银行已收企业未收的款项合计	(2)	加：企业已收银行未收的款项合计	(6)
减：银行已付企业未付的款项合计	(3)	减：企业已付银行未付的款项合计	(7)
调节后余额	(4)	调节后余额	(8)

12. 请为新能源公司更正错账后再编制调节表。

(1)新能源公司银行存款日记账的账面记录：

日期	摘要	金额
29 日	开出转账支票＃0176，用以付购料款	11700
30 日	收到购货方转账支票＃0160，存入银行	8900
30 日	职工张某预借差旅费，以现金支票＃078 支付	5000
31 日	开出转账支票＃以支付审计费用	50000
31 日	收到销货方转账支票＃0105	17650
	银行存款日记账账面余额	86700

(2)银行对账单的记录：

日期	摘要	金额
30 日	转账支票＃0176	11700
31 日	存入转账支票＃0160	9800
31 日	1 年期银行货款到账	150000
31 日	扣除当月银行手续费	450
31 日	银行对账单余额	274500

银行存款余额调节表

编制单位:新能源公司　　2017 年 10 月 31 日　　单位:元

项　目	金　额	项　目	金　额
企业银行存款日记账余额	(1)	银行对账单余额	(5)
加:银行已收企业未收的款项合计	(2)	加:企业已收银行未收的款项合计	(6)
减:银行已付企业未付的款项合计	(3)	减:企业已付银行未付的款项合计	(7)
调节后余额	(4)	调节后余额	(8)

13. 新能源公司 2017 年 10 月 31 日银行存款日记账为 70000 元,银行对账单的存款余额为 73150 元,经过双方逐笔核对后,发现存在以下未达账项:

(1)公司因采购材料开出转账支票一张,金额为 2000 元,公司已入账,但持票人尚未到银行办理转账手续。

(2)公司因销售商品收到购货方开来的转账支票一张,金额为 5850 元,将支票送存银行后公司做收入入账,但是银行尚未办理入账手续。

(3)公司委托银行代收外地销货款 12000 元,银行已收款入账,但公司尚未收到收款通知。

(4)银行代为支付本月水电费 5000 元,已入账,但是公司尚未收到付款通知。

要求:根据上述资料,完成以下“银行存款余额调节表”的编制。

银行存款余额调节表

编制单位:新能源公司　　2017 年 10 月 31 日　　单位:元

项　目	金　额	项　目	金　额
企业银行存款日记账余额	(1)	银行对账单余额	(5)
加:银行已收企业未收的款项合计	(2)	加:企业已收银行未收的款项合计	(6)
减:银行已付企业未付的款项合计	(3)	减:企业已付银行未付的款项合计	(7)
调节后余额	(4)	调节后余额	(8)

14. 资料:新能源公司 2017 年 8 月银行存款日记账与银行对账单在 28 日以后的资料如下(假定双方在 28 日以前的记录均正确,而 28 日之后银行对账单的记录无误):

(1)新能源公司银行存款日记账的账面记录:

日期	摘要	金额
29 日	职工张某预借差旅费,以现金支票＃082 支付	3000
30 日	开出转账支票＃350,用以付购料款	5600
31 日	收到销货方转账支票＃916,存入银行	9200
31 日	开出转账支票＃351,以支付广告费用	10000
	银行存款日记账账面余额	138600

(3)银行对账单的记录:

日期	摘要	金额
30 日	现金支票＃082	3000
31 日	转账支票＃35	6500
31 日	托收的异地货款到账	8800
31 日	扣除当月银行手续费	300
	银行对账单余额	147000

银行存款余额调节表

编制单位:新能源公司　　2017 年 10 月 31 日　　单位:元

项　目	金　额	项　目	金　额
企业银行存款日记账余额	(1)	银行对账单余额	(5)
加:银行已收企业未收的款项合计	(2)	加:企业已收银行未收的款项合计	(6)
减:银行已付企业未付的款项合计	(3)	减:企业已付银行未付的款项合计	(7)
调节后余额	(4)	调节后余额	(8)

三、资产负债表

1. 华天有限公司 2017 年 8 月 30 日有关总账和明细账户的余额如下表(单位:元):

账户名称	借或贷	余额	账户名称	借或贷	余额
库存现金	借	1500	短期借款	贷	250000
银行存款	借	800000	应付票据	贷	25500
其他货币资金	借	90000	应付账款	贷	71000
交易性金融资产	借	115000	—丙企业	贷	91000
应收票据	借	20000	—丁企业	借	20000
应收账款	借	75000	预收账款	贷	14700
—甲公司	借	80000	—C 公司	贷	14700
—乙公司	贷	5000	其他应付款	贷	12000
坏账准备	贷	2000	应交税费	贷	28000

（续表）

账户名称	借或贷	余额	账户名称	借或贷	余额
预付账款	借	36100	长期借款	贷	506000
—A 公司	借	31000	应付债券	贷	563700
—B 公司	借	5100	其中一年到期的应付债券	贷	23000
其他应收款	借	8500	实收资本	贷	4040000
原材料	借	774400	盈余公积	贷	158100
生产成本	借	265400	利润分配	贷	
库存商品	借	193200	——未分配利润	贷	1900
固定资产	借	2888000	本年利润	贷	36700
累计折旧	贷	4900			
在建工程	借	447400			
资产合计		5707600	负债和所有者权益合计		5707600

要求：请代新能源公司完成以下 8 月 31 日资产负债表的编制。

资产负债表（简表）

2017 年 8 月 31 日

制表单位：新能源公司　　　　　　　　　　　　　　　　　　单位：元

资产	年初数	年末数	负债及所有者权益	年初数
流动资产：	略		流动负债：	略
货币资金		（1）	短期借款	
交易性金融资产		115000	应付票据	
应收票据		20000	应付账款	
应收账款		（2）	预收款项	

（续表）

资产	年初数	年末数	负债及所有者权益	年初数
其他应收款		8500	其他应付款	
预付款项		(3)	应交税费	
存货		(4)	一年内到期的非流动负债	
流动资产合计		(5)	流动负债合计	
非流动资产：			长期借款	
固定资产		(6)	应付债券	
在建工程		447400	实收资本	
非流动资产合计		(7)	盈余公积	
			未分配利润	
			所有者权益合计	
资产合计		(8)	负债所有者权益合计	

2. 新能源公司 2017 年 9 月初有关账户余额如下(单位：元)：

账户名称	借方余额	账户名称	贷方余额
库存现金	800	短期借款	24000
银行存款	31000	累计折旧	5200
交易性金融资产	14200	坏账准备	1800
应收账款	35000	应交税费	8600
库存商品	88000	应付账款	42000
固定资产	270000	实收资本	392400
在建工程	80000	未分配利润	45000
合计	519000	合计	519000

新能源公司9月份发生以下业务:

(1)对外销售商品900件,每件售价50元,每件成本40元,增值税率17%,款项已收,存入银行。

(2)向外地单位采购商品一批,增值税专用发票列示的价款50000元,增值税8500元,货已入库,款未付。

(3)从银行存款户中支付本月借款利息200元。

(4)收到其他单位所欠货款15000元,存入银行。

(5)开出转账支票支付前欠外单位货款30000元。

要求:请根据上述资料,计算新能源公司2017年9月30日资产负债表中下列报表项目的期末数。

(1)货币资金(　　)元;

(2)应收账款(　　)元;

(3)预付款项(　　)元;

(4)存货(　　)元;

(5)流动资产合计(　　)元;

(6)固定资产(　　)元;

(7)流动资产合计(　　)元;

(8)资产合计(　　)元;

(9)应付账款(　　)元;

(10)预收款项(　　)元;

(11)流动负债合计(　　)元;

(12)应付债券(　　)元;

(13)负债合计(　　)元;

(14)未分配利润(　　)元;

(15)所有者权益合计(　　)元;

3. 新能源公司2017年10月初有关账户余额如下:

账户名称	借方余额	账户名称	贷方余额
库存现金	1280	应付账款	75400
银行存款	223450	短期借款	100000
应收账款	87600	应交税费	15800
库存商品	158900	累计折旧	24600
固定资产	587570	实收资本	800000
长期股权投资	100000	未分配利润	143000
合计	1158800	合计	1158800

新能源公司 10 月份发生以下业务：

(1)收到其他单位前欠货款 32000 元，存入银行。

(2)销售商品 1000 件，每件售价 100 元，每件成本 70 元，增值税税率 17%，款项已收，存入银行。

(3)采购商品一批，增值税专用发票列示的价款 50000 元，增值税税率 17%，货已入库，款未付。

(4)开出转账支票支付上述销售商品的运杂费用 2000 元。

(5)从银行存款户中归还短期借款 50000 元以及本月借款利息 3500 元。

(6)通过银行转账支付上述部分购料款 38500 元。

要求：请根据上述资料，代新能源公司完成下列资产负债表的编制。

资产负债表(简表)

2017 年 10 月 31 日

制表单位：新能源公司　　　　单位：元

资产	年初数	年末数	负债及所有者权益	年初数
流动资产：	略		流动负债：	略
货币资金		(1)	短期借款	
应收账款		(2)	应付账款	
存货		(3)	应交税费	
流动资产合计		(4)	流动负债合计	
非流动资产：			所有者权益：	
长期股权投资		(5)	实收资本	
固定资产		(6)	未分配利润	
非流动资产合计		(7)	所有者权益合计	
资产合计		(8)	负债所有者权益合计	

4. 已知新能源公司2017年年初总资产比年末总资产少100000元，年末流动资产是年末流动负债的3倍，且比年初流动资产多20000元，2017年年末的资产负债表(简表)如下：

资产负债表

2017年12月31日

制表单位：新能源公司　　　　　　　　　　　　　　单位：元

资产	年初数	年末数	负债及所有者权益	年初数
流动资产：			流动负债：	
货币资金	52500	47200	短期借款	20000
应收账款	26500	(1)	应付账款	25500
其他应收款	1000	1500	应交税费	(10)
存货	(2)	233800	流动负债合计	(11)
流动资产合计	(3)	(4)	非流动负债：	
非流动资产：			长期借款	180000
固定资产	(5)	(6)	所有者权益：	
			实收资本	300000
			盈余公积	18000
			所有者权益合计	(13)
资产合计：	(7)	(8)	负债所有者权益合计：	550000

5. 新能源公司2017年12月初有关账户余额如下：

账户名称	贷方余额	账户名称	借方余额
应付账款	56000	库存现金	1500
短期借款	29000	银行存款	65700
应交税费	13500	应收账款	55300

（续表）

账户名称	贷方余额	账户名称	借方余额
实收资本	600000	库存商品	74000
未分配利润	21500	固定资产	458500
累计折旧	25000	长期股权投资	90000
合计	745000	合计	745000

新能源公司12月份发生以下业务：

(1)现金购买办公用品155元。

(2)采购商品一批，增值税专用发票列示的价款10000元，增值税1700元，货已入库，款未付。

(3)销售商品1000件，每件售价100元，每件成本50元，增值税税率17%，款项已付，存入银行。

(4)从银行存款户中归还短期借款10000元以及本月借款利息150元。

(5)收到其他单位所欠货款32500元，存入银行。

要求：请根据上述资料，计算新能源公司2017年12月31日资产负债表中下列报表项目的期末数。（不考虑所得税）

(1)货币资金(　　)元；

(2)应收账款(　　)元；

(3)存货(　　)元；

(4)流动资产合计(　　)元；

(5)固定资产(　　)元；

(6)长期股权投资(　　)元；

(7)非流动资产合计(　　)元；

(8)资产合计(　　)元；

(9)应付账款(　　)元；

(10)短期借款(　　)元;

(11)应交税费(　　)元;

(12)负债合计(　　)元;

(13)未分配利润(　　)元;

(14)所有者权益合计(　　)元;

(15)负债及所有者权益合计(　　)元。

6. 新能源公司8月初账户余额表如下(单位:元):

账户名称	借方余额	账户名称	贷方余额
库存现金	680	应付账款	46800
银行存款	55670	短期借款	50000
应收账款	27300	应交税费	7800
库存商品	31900	累计折旧	5600
固定资产	184050	实收资本	220000
无形资产	70000	未分配利润	39400
合计	369600	合计	369600

新能源公司8月份发生以下业务:

(1)收到其他单位前欠货款11700元,存入银行。

(2)销售商品250件,每件售价80元,每件成本50元,增值税税率17%,款项尚未收到。

(3)采购商品一批,增值税专用发票列示的价款20000元,增值税税率17%,货已入库,款未付。

(4)开出转账支票支付上述销售商品的运杂费用1500元。

(5)从银行存款户中归还短期借款30000元以及本月借款利息250元。

(6)通过银行转账支付上述部分购货款13400元。

要求：请根据上述资料，代新能源公司完成下列资产负债表的编制。

资产负债表

2017 年 8 月 31 日

制表单位：新能源公司　　　　　　　　　　　　　　　　　单位：元

资产	年初数	年末数	负债及所有者权益	年初数
流动资产：	略		流动负债：	略
货币资金		(1)	短期借款	
应收账款		(2)	应付账款	
存货		(3)	应交税费	
流动资产合计		(4)	流动负债合计	
非流动资产：			所有者权益：	
固定资产		(5)	实收资本	
无形资产		(6)	未分配利润	
非流动资产合计		(7)	所有者权益合计	
资产合计		(8)	负债与所有者权益合计	

7. 新能源公司 12 月初账户余额表如下（单位：元）：

账户名称	借方余额	账户名称	贷方余额
库存现金	1000	累计折旧	43000
银行存款	70000	应付账款	80000
应收账款	58000	应交税费	16000
库存商品	108000	短期借款	27000
固定资产	459000	实收资本	600000
长期股权投资	87000	未分配利润	17000
合计	783000	合计	783000

新能源公司 12 月份发生以下业务：

(1)提取现金 500 元备用。

(2)采购商品一批，增值税专用发票列示的价款 10000 元，增值税 1700 元，货已入库，款未付。

(3)销售商品 1000 件，每售价 100 元，每件成本 50 元，增值税税率 17%，款项已收，存入银行。

(4)从银行存款户中归还短期借款 17000 元及本月借款利息 180 元。

(5)收到其他单位所欠货款 30000 元，存入银行。

要求：请根据上述资料，计算新能源公司 2017 年 12 月 31 日资产负债表中下列报表项目的期末数。

(1)货币资金(　　)；　　(9)应付账款(　　)；

(2)应收账款(　　)；　　(10)短期借款(　　)；

(3)存货(　　)；　　(11)应交税费(　　)；

(4)流动资产合计(　　)；　　(12)负债合计(　　)；

(5)固定资产(　　)；　　(13)未分配利润(　　)；

(6)长期股权投资(　　)；　　(14)所有者权益合计(　　)；

(7)非流动资产合计(　　)；(15)负债及所有者权益合计(　　)。

(8)资产合计(　　)；

8. 新能源公司 2017 年 10 月 31 日有关总账和明细账户的余额如下表(单位：元)：

账户	借或贷	余额	负债和所有者权益账户	借或贷	余额
库存现金	借	500	短期借款	贷	58000
银行存款	借	150000	应付账款	贷	9200
应收账款	借	75500	—丙公司	贷	11600

（续表）

账户	借或贷	余额	负债和所有者权益账户	借或贷	余额
—甲公司	借	96800	—丁公司	借	2400
—乙公司	贷	21300	预收账款	贷	2300
坏账准备	贷	1000	—C 公司	贷	5300
预付账款	借	5000	—D 公司	借	3000
—A 公司	贷	5000	应交税费	贷	3500
—B 公司	借	10000	长期借款	贷	100000
原材料	借	14900	应付债券		120000
生产成本	借	24600	其中一年到期的应付债券		20000
库存商品	借	46800	长期应付款	贷	10000
存货跌价准备	贷	1300	实收资本	贷	900000
固定资产	借	380000	资本公积	贷	8000
累计折旧	贷	20000	盈余公积	贷	5500
在建工程	借	550000	利润分配	贷	3500
固定资产清理	贷	5000	——未分配利润	贷	3500
资产合计		1220000	负债及所有者权益合计		1220000

则新能源公司 2017 年 10 月末资产负债表的下列报表项目金额为：

(1)货币资金(　　)元；
(2)应收账款(　　)元；
(3)预付款项(　　)元；
(4)存货(　　)元；
(5)流动资产合计(　　)元；
(6)固定资产(　　)元；
(9)应付账款(　　)元；
(10)预收款项(　　)元；
(11)流动负债合计：(　　)元；
(12)应付债券(　　)元；
(13)非流动负债合计(　　)元；
(14)负债合计(　　)元；

(7)非流动资产合计(　　)元;(15)所有者权益合计(　　)元。

(8)资产总计(　　)元;

9. 已知新能源公司2017年年末资产总额是年末流负动负债的4倍,年末流动负债比年初流动负债多10000元,年末流动资产比年初流动资产多50000元。2017年末的资产负债表如下:

资产负债表

2017年12月31日　　制表单位:新能源公司　　单位:元

资产	年初数	年末数	负债及所有者权益	年初数
流动资产:			流动负债:	
货币资金	89400	101200	短期借款	28000
应收账款	35500	(1)	应付账款	65000
其他应收款	1800	1500	应交税费	(9)
存货	(2)	58600	流动负债合计	(10)
流动资产合计	(3)	(4)	非流动负债:	
非流动资产:			长期借款	30000
固定资产	(5)	210000	所有者权益	
			实收资本	250000
			盈余公积	(11)
			所有者权益合计	(13)
资产合计	(6)	(7)	负债及所有者权益合计	387000

10. 新能源公司2017年9月30日有关总账和明细账户的余额如下表(单位:元):

会计科目	借方	贷方
库存现金	560	
银行存款	153500	
应收账款	47900	
坏账准备		2000
原材料	60000	
库存商品	175000	
存货跌价准备		14000
固定资产	610000	
累计折旧		41000
长期待摊费用	15000	
工程物资	85000	
应付账款		35000
预收账款		18000
应付债券		145000
长期借款		320000
实收资本		480000
盈余公积		5700
利润分配		35000
本年利润		51260
合计	1146960	1146960

补充资料:(1)长期待摊费用中含将于一年内摊销的金额 8000 元。

(2)长期借款期末余额中将于一年内到期归还的长期借款数为 60000 元。

(3)应收账款有关明细期末余额情况为:应收账款—A 公司 贷方

余额 10000 元；应收账款—B 公司　借方余额 57900 元

(4)应付账款有关明细账期末余额情况为：应付账款—C 公司　贷方余额 48500 元；应付账款—D 公司　借方余额 13500 元

(5)预收账款有关明细账期末余额情况为：预收账款—E 公司　贷方余额 25000 元；预收账款—F 公司　借方余额　7000 元

要求：请根据上述资料，计算新能源公司 2017 年 9 月 30 日资产负债表中下列报表项目的期末数。

(1)货币资金(　　)元；　　(9)应付账款(　　)元；

(2)应收账款(　　)元；　　(10)预收账款(　　)元；

(3)预付款项(　　)元；　　(11)流动负债合计(　　)元；

(4)存货(　　)元；　　(12)长期借款(　　)元；

(5)流动资产合计(　　)元；　(13)负债合计(　　)元；

(6)固定资产(　　)元；　　(14)未分配利润(　　)元；

(7)非流动资产合计(　　)元；(15)所有者权益合计(　　)元。

(8)资产合计(　　)元；

11. 华天有限公司 2017 年 9 月 30 日有关总账和明细账户的余额如下表(单位：元)：

账户	借或贷	余额	负债和所有者权益账户	借或贷	余额
库存现金	借	2000	短期借款	贷	134100
银行存款	借	900000	应付账款	贷	70000
其他货币资金	借	80000	—丙企业	贷	93000
应收账款	借	70000	—丁企业	借	23000
—甲公司	借	82000	预收账款	贷	15500
—乙公司	贷	12000	—C 公司	贷	15500
坏账准备	贷	3000	应交税费	贷	48000

（续表）

账户	借或贷	余额	负债和所有者权益账户	借或贷	余额
预付账款	借	37500	长期借款	贷	350000
—A 公司	借	32200	应付债券	贷	582500
—B 公司	借	5300	其中一年到期的应付债券	贷	22500
原材料	借	873800	长期应付款	贷	175000
生产成本	借	276000	实收资本	贷	4123000
库存商品	借	93000	资本公积	贷	117000
存货跌价准备	贷	57000	盈余公积	贷	49500
固定资产	借	2950000	利润分配	贷	2000
累计折旧	贷	8300	——未分配利润	贷	2000
无形资产	借	490600	本年利润	贷	38000
合计		5704600	合计		5704600

要求：请根据上述资料，计算新能源公司 2017 年 9 月 30 日资产负债表中下列报表项目的期末数。

(1)货币资金(　　)元；

(2)应收账款(　　)元；

(3)预付款项(　　)元；

(4)存货(　　)元；

(5)流动资产合计(　　)元；

(6)固定资产(　　)元；

(7)非流动资产合计(　　)元；

(8)资产合计(　　)元；

(9)应付账款(　　)元；

(10)预收款项(　　)元；

(11)流动负债合计(　　)元；

(12)应付债券(　　)元；

(13)负债合计(　　)元；

(14)未分配利润(　　)元；

(15)所有者权益(　　)元。

四、利润表

1. 新能源公司所得税税率是25%，该公司2017年1月至11月各损益类专户的累计发生额和12月底转账前各损益类账户的发生额如下(单位：元)：

账户名称	12月份发生数		1月至11月累计发生数	
	借方	贷方	借方	贷方
主营业务收入		318000		5000000
主营业务成本	252500		2800000	
销售费用	2600		10000	
营业税金及附加	1000		29000	
其他业务成本	7500		32500	
营业外支出	2000		11000	
财务费用	3000		30000	
管理费用	4400		50000	
其他业务收入		9500		45000
营业外收入		3000		
投资收益		20000		

则新能源公司2017年度利润表的下列报表项目金额为：

(1)营业收入(　　)元；(4)利润总额(　　)元；

(2)营业成本(　　)元；(5)所得税费用(　　)元；

(3)营业利润(　　)元；(6)净利润(　　)元。

2. 新能源公司为增值税一般纳税人，主要生产和销售甲产品，适用增值税率17%，所得税税率25%，城建税教育费附加略。该公司2017年发生以下业务：

(1)销售甲产品一批，该批产品的成本16万元，销售价格40万元，专用发票注明增值税6.8万元，产品已经发出，提货单已交给买方。货款及增值税款尚未收到。

(2)当年分配并发放职工工资40万元，其中生产工人工资24万元，车间管理人员工资8万元，企业管理人员工资8万元。

(3)本年出租一台设备，取得租金收入8万元。

(4)本年度计提固定资产折旧8万元，其中计入制造费用的固定资产折旧5万元，计入管理费用的折旧2万元，出租设备的折旧1万元。

(5)用银行存款支付销售费用1万元。

(6)在本年年末的财产清查中发现账外设备一台，其实产价格是2万元，经批准转作营业外收入。

则新能源公司2017年度利润表的下列报表项目金额为：

(1)营业收入(　　)元；(4)利润总额(　　)元；

(2)营业成本(　　)元；(5)所得税费用(　　)元；

(3)营业利润(　　)元；(6)净利润(　　)元。

三、新能源公司所得税税率25%，该公司2017年11月份的利润表如下表所示。

利润表(简表)

2017年11月

编制单位:新能源公司　　　　单位:元

项目	本期金额	本年累计金额
一、营业收入	略	1289600
减:营业成本		885400

（续表）

项目	本期金额	本年累计金额
营业税金及附加		21700
销售费用		18500
管理费用		40900
财务费用		2000
资产减值准备		3500
二、营业利润（损失以“－”号填列）		317600
加:营业外收入		1400
减:营业外支出		3000
三、利润总额（损失以“－”号填列）		316000
减:所得税费用		79000
四、净利润（亏损以“－”号填列）		237000

新能源公司12月份发生以下经济业务:

(1)对外销售甲商品1000件,单价135元,增值税率17%,收到对方开来的一张金额为157950元的商业汇票。

(2)经批准处理财产清查中的账外设备一台,估计原价10000元,七成新。

(3)计算分配本月应付职工工资共计45000元,其中管理部门30000元,专设销售机构人员工资15000元。

(4)计提本月办公用固定资产折旧1200元。

(5)结转已销售的1000件甲商品的销售成本87000元。

(6)将本月实现的损益结转至“本年利润”账户。

要求:根据上述资料,完成下列新能源公司2017年利润表的编制

利润表(简表)

2017 年度

编制单位:新能源公司　　　　单位:元

项目	本期金额	上年金额
一、营业收入	(1)	略
减:营业成本	972400	
营业税金及附加	21700	
销售费用	33500	
管理费用	(2)	
财务费用	2000	
资产减值准备	3500	
二、营业利润(损失以“－”号填列)	(3)	
加:营业外收入	8400	
减:营业外支出	3000	
三、利润总额(损失以“－”号填列)	(4)	
减:所得税费用	(5)	
四、净利润(亏损以“－”号填列)	(6)	

4. 新能源公司 2017 年的简式利润表和经注册会计师审核后发现登记记账凭证存在的错误如下。

要求:(1)指出下述各笔错账的更正方法,并编制错账更正分录。

(2)将正确的简式利润表编制完毕。(假定所得税税率 25%,不存在任何纳税调整事项)

错误更正前的简式利润表

编制单位:新能源公司　　　　　　　　　　　　　　　　单位:元

项目	行次	本期金额	上年金额
一、营业收入		500000	略
减:营业成本		200000	
营业税金及附加		70000	
销售费用		20000	
管理费用		25000	
财务费用		5000	
二、营业利润(损失以“一”号填列)		180000	
加:营业外收入		5000	
减:营业外支出		2000	
三、利润总额(损失以“一”号填列)		183000	
减:所得税费用		45750	
四、净利润(亏损以“一”号填列)		137250	

(1)有一笔产品销售业务,结转的销售成本为 45000 元,而实际应结转的销售成本是 55000 元,少结转成本 10000 元。

(2)漏记一笔用银行存款购买办公室用品的费用 1000 元,导致少计管理费用 1000 元。

(3)将一笔 120000 元销售收入误计为 150000 元,多计收入 30000 元。(假定该销售收入收到银行存款)

简式利润表 单位:元

项目	行次	本期金额	上年金额
一、营业收入		(1)	略
减:营业成本		(2)	
营业税金及附加		70000	
销售费用		20000	
管理费用		26000	
财务费用		5000	
二、营业利润(损失以“—”号填列)		(3)	
加:营业外收入		5000	
减:营业外支出		2000	
三、利润总额(损失以“—”号填列)		(4)	
减:所得税费用		(5)	
四、净利润(亏损以“—”号填列)		(6)	

总 结

(1)一定要结合教材将课程完整地学习一遍。

(2)学习时重在理解,不要死记硬背。

(3)要注意学习方法:结合教材多做练习。

(4)认真学习,基础知识一定要掌握扎实,为以后打基础。

(5)最后祝愿大家顺利通过考试,步步高升。

图书在版编目(CIP)数据

财务报表编制技能复习指导书/高汉主编．—合肥：合肥工业大学出版社，2018.6

ISBN 978-7-5650-4020-7

Ⅰ．①财…　Ⅱ．①高…　Ⅲ．①会计报表—编制②会计报表—会计分析　Ⅳ．①F231.5

中国版本图书馆CIP数据核字(2018)第124574号

财务报表编制技能复习指导书

高　汉　主编

责任编辑	张择瑞
出版发行	合肥工业大学出版社
地　　址	(230009)合肥市屯溪路193号
网　　址	www.hfutpress.com.cn
电　　话	理工编辑部：0551-62903204 市场营销部：0551-62903198
开　　本	710毫米×1000毫米　1/16
印　　张	6
字　　数	86千字
版　　次	2018年6月第1版
印　　次	2018年8月第1次印刷
印　　刷	安徽昶颉包装印务有限责任公司
书　　号	ISBN 978-7-5650-4020-7
定　　价	16.00元

如果有影响阅读的印装质量问题，请与出版社市场营销部联系调换。